उपसम्पदाविधि

समन्वय प्रक्रिया के लिए नौसिखिए और भिक्षु

Sumedh Bhoomi Buddha Vihar, Lalitpur-India
R-866-2017

प्रस्तावना

नौसिखियों और भिक्षुओं के लिए उपसम्पदाविधि या समन्वय प्रक्रिया की पुस्तक को संयुक्त राज्य अमेरिका में थाई भिक्षुओं की परिषद द्वारा विकसित और प्रकाशित किया गया है, जो संयुक्त राज्य अमेरिका में थाई बौद्ध मिशनरी की गतिविधियों के लिए मठवासी संचार, प्रशासन और पर्यवेक्षण के लिए केंद्रीय संगठन है। यह उपयोगी पुस्तक उन लोगों की मदद करेगी जो बौद्ध नौसिखिए और भिक्षु के रूप में दीक्षा लेना चाहते हैं।

इस पुस्तक का पूरा होना परिषद के उपाध्यक्ष, वाट अतामयातरम से फ्रा विदेस्सित्थिधम्पोर्न के बिना संभव नहीं था, जिन्होंने अंग्रेजी अनुवाद के साथ पाली में जानकारी प्रदान की।

इसके अलावा मैं परिषद के महासचिव फ्रा विदेसरत्नापोर्न और उनकी टीम को उनकी बहुमूल्य सलाह और प्रूफ रीडिंग के लिए धन्यवाद देना चाहूंगा।

उम्मीद है कि उपसम्पदाविधि या दीक्षा प्रक्रिया की पुस्तक उन सभी लोगों को लाभ पहुंचाएगी जो बुद्धधम्म सीखने और उसमें आगे बढ़ने में रुचि रखते हैं। मानवता के कल्याण और खुशी के लिए बुद्धधम्म दुनिया में प्रबल हो।

विषय-सूची

नौसिखियों और भिक्षुओं के लिए दीक्षा प्रक्रिया: प्रारंभिक (उकासा) उम्मीदवार को अपना सिर, मूंछ, दाढ़ी और भौंहें मुंडवा लेनी चाहिए, और अपनी उंगलियों और पैरों के नाखूनों को छोटा करवाना चाहिए। सफेद कपड़े में लिपटे हुए उसे सबसे पहले चैपल हॉल (उपोष) के चारों ओर दक्षिणावर्त तीन चक्कर (पादक्खिन) लगाने चाहिए, जहाँ उसका दीक्षा होना है। उसे नंगे पैर चलना चाहिए और अपने हाथों को श्रद्धापूर्वक एक साथ रखना चाहिए और तीन कमल की कलियाँ, तीन अगरबत्ती और एक मोमबत्ती पकड़नी चाहिए। ताकि एक ही बात को बार-बार दोहराना न पड़े, उम्मीदवार को खुद को कैसे पेश करना चाहिए, इस बारे में कुछ बिंदुओं पर यहाँ ज़ोर दिया जाएगा और इन नोटों में उन्हें फिर से नहीं दोहराया जाएगा। समारोह के दौरान हर समय उम्मीदवार को अपने हाथों को श्रद्धापूर्वक एक साथ रखना चाहिए और अपनी निगाह नीचे की ओर रखनी चाहिए। उसे अन्य प्रतिभागियों की ओर नहीं देखना चाहिए। उसके हाथ केवल तभी किसी दूसरी स्थिति में होंगे जब वह कोई वस्तु संभाल रहा हो, या जब वह घुटनों के बल से खड़े होने की मुद्रा में बदलाव कर रहा हो, और उसे संतुलन बनाए रखने या जो भी हो, उसके लिए अपने हाथों की आवश्यकता हो। खड़े होने पर उसे अपनी एड़ियों को एक साथ रखना चाहिए।

पहली परिक्रमा के दौरान उसे बुद्ध के गुणों का ध्यान करना चाहिए; दूसरी परिक्रमा के दौरान धम्म के गुणों का ध्यान करना चाहिए; और तीसरी परिक्रमा के दौरान संघ के गुणों का ध्यान करना चाहिए। इस समय उसे अकेले चलना चाहिए और उसे किसी भी तरह से उठाकर नहीं ले जाना चाहिए, ताकि वह भवन के अंदर बुद्ध की छवि के प्रति उचित सम्मान दिखा सके, जिसे ऐसा माना जाना चाहिए जैसे कि वह स्वयं बुद्ध ही मौजूद हों। तीन परिक्रमा पूरी करने के बाद, अभ्यर्थी उपसथा के प्रवेश द्वार के सामने सीमा चिह्न (सिमा) पर घुटने टेकता है, दिए गए पात्र में मोमबत्ती और धूपबत्ती जलाता है, और तीन पंच-बिंदु साष्टांग प्रणाम करता है। (प्रणाम करते समय, घुटनों, अग्रबाहुओं और माथे के पांचों 'बिंदुओं' को एक साथ फर्श को छूना चाहिए।) फिर वह खड़ा होता है और निम्नलिखित पढ़ता है:
उकासा वंदामि भंते, सब्बं अपरधं खमथा मे भंते, माया कटं पुन्त्रणं समिना अनुमोदितबं, समिना कटं पुन्त्रणं मयं दत्तबं, साधु साधु अनुमोदामि।
उकासा करुणं कट्वा पब्बज्जम देथा मे भंते।

आदरणीय महोदय, मुझे इस शुभ अवसर पर आपको श्रद्धांजलि अर्पित करने की अनुमति दें। मेरे सभी दोष क्षमा किए जाएं। गेरे पास जो भी गुण हैं, उन्हें मान्यता दी जाए, और मुझे आपके गुणों में हिस्सा लेने की अनुमति दी जाए। यदि यह स्वीकार्य है तो मैं विनम्रतापूर्वक अपना आभार व्यक्त करता हूँ। 3 अभ्यर्थी घुटनों के बल बैठकर कहता है: अहम भंते पब्बज्जम याकामि। दुतियमपि अहम भंते पब्बज्जम याकामि। ततियमपि अहम भंते पब्बज्जम याकामि। मैं,

आदरणीय महोदय, गोइंग-फोर्थ के लिए प्रार्थना करता हूँ। दूसरी बार मैं, आदरणीय महोदय, गोइंग-फोर्थ के लिए प्रार्थना करता हूँ। तीसरी बार मैं, आदरणीय महोदय, गोइंग-फोर्थ के लिए प्रार्थना करता हूँ। अभ्यर्थी निम्नलिखित पद्यांश को तीन बार दोहराते हुए आगे कहता है: सब्ददुक्खनिस्सारणनिब्बानसच्चिकरणत्तय, इमं कासवं घटेत्वा, पब्बजेथा मन भंते, अनुकं पण उपाध्याय। सभी कष्टों से मुक्ति के लिए तथा निर्वाण प्राप्ति के लिए, कृपया ये भगवा वस्त्र स्वीकार करें, आदरणीय महोदय, तथा दया करके मुझे परलोक प्रदान करें। (आगे की ओर थोड़ा झुककर, अभ्यर्थी पुनः उपज्जया को वस्त्र प्रदान करता है। अब वह निम्नलिखित पद्यांश को तीन बार पढ़ता है:) (अभ्यर्थी निम्नलिखित पद्यांश को तीन बार पढ़ता है:) 4 सब्बदुक्खनिस्सारणनिब्बानसच्चिकरणतथा, एतं कासवं दत्वा, पब्बजेथा मन भंते, अनुकं पं उपाध्याय। सभी कष्टों से मुक्ति के लिए तथा निर्वाण प्राप्ति के लिए, कृपया ये भगवा वस्त्र स्वीकार करें, आदरणीय महोदय, तथा दया करके मुझे परलोक प्रदान करें।

निर्देश
उम्मीदवार तीन बार साष्टांग प्रणाम करता है और फिर विनम्र पार्श्व मुद्रा में बैठता है और उपज्जया को ध्यान से सुनता है। उपज्जया अब उसे त्रिरत्न, मूल ध्यान सहित दीक्षा के उद्देश्य और महत्व के बारे में निर्देश देगा। उपज्जया, इसके अलावा, उसे शरीर के अंगों को ध्यान की प्रारंभिक वस्तुओं के रूप में उपयोग करना सिखाएगा। उम्मीदवार, उपज्जया के बाद शब्दशः दोहराएगा: केश, सिर के बाल, लोमा, नखा, दंता, टैको। शरीर के बाल, नाखून, दांत, त्वचा। (फिर उल्टे क्रम में:) टैको, दंता, नखा, लोमा, केश। त्वचा, दांत, नाखून, शरीर के बाल, सिर के बाल। उपाज्जया अब वस्त्रों के सेट से बाएं कंधे (अंसा) पर पहना जाने वाला कंधे का कपड़ा हटाएगा और इसे उम्मीदवार के सिर पर डाल देगा और इसे इस तरह से व्यवस्थित करेगा कि यह उसके बाएं कंधे को ढक सके। 6 वस्त्रों का सेट प्राप्त करने के बाद, एक बार फिर, उम्मीदवार अपने घुटनों पर पीछे की ओर बढ़ता है जब तक कि वह उस स्थान पर न पहुंच जाए जहां उसे अपने वस्त्र पहनने में मदद की जाएगी। शरण और उपदेश और निस्साय का अनुरोध करना (फॉर्म एक की तरह ही प्रक्रिया) ठीक से वस्त्र पहने हुए उम्मीदवार सभा के सामने लौटेगा जहां अब एक वरिष्ठ भिक्षु (अचार्य) बैठे होंगे। घुटने टेककर, वह आचार्य को तैयार किए गए प्रसाद की थाली पेश करता है और तीन बार साष्टांग प्रणाम करता है। खड़े होकर वह निम्नलिखित पाठ करता है:

उकासा वंदामि भन्ते, सब्बम अपराधम्
खमथ मे भंते, मया कतम् पुन्नं समीना
अनुमोदितबबम, समीना कतम् पुन्नं मयहम्
दतब्बम, साधु साधु अनुमोदामि।
उकासा करुणं कत्वा, तिसारानेन सह सिलानी
देथा में भन्ते.

(मुझे, आदरणीय महोदय, इस शुभ अवसर पर आपको श्रद्धांजलि अर्पित करने की अनुमति दें। मेरे सभी दोष क्षमा किए जाएं। मेरे पास जो भी गुण हैं, उन्हें मान्यता दी जाए और मुझे आपके गुणों में हिस्सा लेने की अनुमति दी जाए। यदि यह स्वीकार्य है तो मैं विनम्रतापूर्वक अपना आभार व्यक्त करता हूं। आदरणीय महोदय, कृपया दया करें और मुझे तीन शरण और उपदेश प्रदान करें।) वह घुटनों के बल बैठ जाता है और मंत्र का पाठ करना जारी रखता है। अहम भंते शरणसीलम याचामि, दुतियमपि अहम भंते शरणसीलम याचामि, ततियमपि अहम भंते शरणसीलम याचामि। (मैं, आदरणीय महोदय, शरण और उपदेशों के लिए पूछता हूँ। दूसरी बार, आदरणीय महोदय, मैं शरण और उपदेशों के लिए पूछता हूँ। तीसरी बार, आदरणीय महोदय, मैं शरण और उपदेशों के लिए पूछता हूँ।)

तीन शरण
आचार्य अपने हाथों को श्रद्धापूर्वक जोड़कर तीन बार निम्नलिखित वाक्य दोहराएंगे:
नमो तस्स भगवतो अरहतो
सम्मा संबुद्धस्स।
(सर्वोच्च, पवित्र, पूर्णतः प्रबुद्ध को नमन।)
अभ्यर्थी इसे तीन बार दोहराता है। फिर,
अचार्य अब कहेंगे:
एवं वदेही। या (इसे दोहराएँ।) या
यमहम वदामि तम वदेही। (जो मैं कहना चाहता हूँ उसे दोहराएँ।)
अभ्यर्थी उत्तर देता है:
आमा भंते। (हाँ, आदरणीय महोदय।)
अचार्य अब शरण और उपदेश देंगे।
सबसे पहले, उम्मीदवार को ट्रिपल पर ध्यान केंद्रित करना चाहिए
अकारिया के बाद रत्न और दोहराएँ, वाक्य दर वाक्य,
निम्नलिखित नुसार:

बुद्धं शरणं गच्छामि.
धम्मं शरणं गच्छामि.
संघं शरणं गच्छामि.
दुतियामपि बुद्धं शरणं गच्छामि।
दुतियामपि धम्मम शरणं गच्छामि।
कर्तव्यमपि संघं शरणं गच्छामि।
तत्यामपि बुद्धं शरणं गच्छामि।

तत्यामपि धम्मम शरणं गच्छामि।
तत्यामपि संघं शरणं गच्छामि।
मैं बुद्ध की शरण में जाता हूं.
मैं धम्म की शरण में जाता हूँ।
मैं संघ की शरण में जाता हूँ।
दूसरी बार मैं बुद्ध की शरण में जाता हूँ।
दूसरी बार मैं धम्म की शरण में जाता हूँ।
दूसरी बार मैं संघ की शरण में जाता हूँ।
तीसरी बार मैं बुद्ध की शरण में जाता हूँ।
तीसरी बार मैं धम्म की शरण में जाता हूँ।
तीसरी बार मैं संघ की शरण में जाता हूँ।) आचार्य कहते हैं:
शरणागमनं नित्थितम्।
(शरण अब पूरी हो गई है।) अभ्यर्थी उत्तर देता है:
आमा भंते। (हाँ, आदरणीय महोदय।)

दस उपदेश:अभ्यर्थी अब नौसिखिया (सामनेर) है और इसलिए, उसे दस उपदेशों का पालन करना चाहिए। इन अब उसे अकारिया द्वारा दिया जाएगा, और दिया जाना चाहिए खंड दर खंड दोहराया गया, इस प्रकार:

1. पणतिपता वेरामनी,
सिक्खपादं समाधियामि ।
2. आदिनादान वेरामनी,
सिक्खपादं समाधियामि ।
3. अब्रह्मचर्य वेरामनी,
सिक्खपादं समाधियामि ।
4. मुसावदा वेरामनी,
सिक्खपादं समाधियामि ।
5. सुरामेरायमज्जपमादत्तना वेरामनी,
सिक्खपादं समाधियामि ।
6. विकलभोजन वेरामनी,
सिक्खपादं समाधियामि ।
7. नक्कागितवादितविशुकदासना वेरामनी,
सिक्खपादं समाधियामि ।

8. मलगन्धविलेपनाधरनमन्धा
नविभूषणत्तन वेरामनी,
सिक्खपादं समाधियामि ।
9. उक्कास्यानमहासायना वेरामनि,
सिक्खपादं समाधियामि ।
10. जातरूपराजतपतिघ्धाना वेरामनि,
सिक्खपादं समाधियामि ।
1. मैं जीवित प्राणियों की हत्या न करने की आज्ञा लेता हूँ।
2. मैं जो नहीं दिया गया है उसे लेने से परहेज करने की आज्ञा लेता हूँ।
3. मैं अनैतिक आचरण से परहेज करने की आज्ञा लेता हूँ।
4. मैं मिथ्या भाषण से परहेज करने की आज्ञा लेता हूँ।
5. मैं शराब, वाइन और नशीली शराब से परहेज करने की आज्ञा लेता हूँ, जो लापरवाही का कारण बनती है।
6. मैं असमय भोजन से परहेज करने की आज्ञा लेता हूँ।
7. मैं नृत्य, गायन, संगीत और शो में भाग लेने से परहेज करने की आज्ञा लेता हूँ।
8. मैं माला पहनने और सुगंध या सौंदर्य प्रसाधनों के उपयोग से परहेज करने की आज्ञा लेता हूँ।
9. मैं ऊँचे या बड़े बिस्तर का उपयोग करने से परहेज करने की आज्ञा लेता हूँ।
10. मैं सोना या चाँदी स्वीकार करने से परहेज करने की आज्ञा लेता हूँ।

अकारिया अब कहेंगे:
इमानि दशसिक्खपादानि समाधियामि।
समानेरा जवाब देता है:
इमानि दशसिक्खपादानि समाधियामि।
इमानि दशसिक्खपादानि समदियामि।
इमानि दशसिक्खपादानि समदियामि।
मैं इन दस नियमों का पालन करने का वचन देता हूं।
समानेरा इसे तीन बार भी दोहराता है
तीन बार साष्टांग प्रणाम. फिर वह खड़ा होता है और कहता है:
वंदागि भंते, सब्बं अपारधं खमथा
मे भंते, माया कटम पुन्ञं समिना अनुमोदितब्बम,
सामिना कटम पुन्ञं मयहम दत्तब्बम, साधु साधु
अनुमोदामि।

Higher Ordination of Bundelkhand Monks in front of Maha Bodhi Maha Vihar, Budhgaya India in Falagu River = Coordinated by Ven Dr Sumedh Thero

आदरणीय महोदय, मुझे इस पावन अवसर पर आपको श्रद्धांजलि अर्पित करने की अनुमति दें। मेरे सभी दोष क्षमा किए जाएं।
मेरे पास जो भी पुण्य हैं, उन्हें मान्यता दी जाए और मुझे आपके पुण्य में हिस्सा लेने की अनुमति दी जाए। यदि यह स्वीकार्य है
तो मैं विनम्रतापूर्वक अपना आभार व्यक्त करता हूं।

सामनेर घुटने टेकता है और तीन बार साष्टांग प्रणाम करता है, फिर घूम जाता है और उपोसथ के दरवाजों के सामने मंच के किनारे पर बैठ जाता है। अब वह अपना भिक्षापात्र प्राप्त करेगा जो उसके प्रायोजक द्वारा उसे दिया जाएगा। कटोरे के ऊपर कमल की कलियाँ और धूपबत्ती रखी जाएगी। निस्साय की याचना: सामनेर अब अपने घुटनों के बल अपने उपज्जेय के पास जाता है और उसे कटोरा प्रदान करता है जिसे उसने अपने दोनों हाथों से अपने सामने उठाया हुआ है। तीन बार साष्टांग प्रणाम करने के बाद वह खड़ा होता है और निस्साय की याचना करता है, इस प्रकार: उकासा वंदामि भंते, सब्बं अपारधं खमथा मे भंते, माया कटम पुन्जं समिना अनुमोदितब्बं, समिना कटम पुन्जं मयहम् दत्तब्बं, साधु साधु अनुमोदामि।
उकासा करुणां कत्व, निस्सायं देथा मे भन्ते।

मुझे, आदरणीय महोदय, इस पावन अवसर पर आपको श्रद्धांजलि अर्पित करने की अनुमति दें। मेरे सभी दोष क्षमा किए जाएं।

मेरे पास जो भी पुण्य हैं, उन्हें मान्यता दी जाए, और मुझे आपके पुण्य में हिस्सा लेने की अनुमति दी जाए। यदि यह स्वीकार्य हो तो मैं विनम्रतापूर्वक अपना आभार व्यक्त करता हूं।

कृपया, आदरणीय महोदय, दया करें और मुझे आश्रितता प्रदान करें। वह घुटने टेकते हैं और आगे कहते हैं:

अहम भंते निस्सायं याकामि,

दुत्यमपि अहम भंते निस्सायं याकामि,

तत्यमपि अहम भंते निस्सायं याकामि।

मैं, आदरणीय महोदय, आश्रितता के लिए प्रार्थना करता हूं।

मैं, आदरणीय महोदय, दूसरी बार आश्रितता के लिए प्रार्थना करता हूं।

तीसरी बार मैं, आदरणीय महोदय,
आश्रितता के लिए प्रार्थना करता हूँ।
सामनेर निम्नलिखित तीन बार दोहराता है:
उपजिहायो मे भंते होहि।
उपजिहायो मे भंते होहि।
उपजिहायो मे भंते होहि।
आप मेरे उपज्जय बनें, आदरणीय महोदय।
उपज्जय अब कहेंगे:
पतिरूपम्।
यह उचित है।
सामनेर उत्तर देता है:
उकासा सम्पदिच्चामि हाँ, आदरणीय महोदय।
उपज्जय कहता है:
ओपायिकम्।
यह उपयुक्त है।
सामनेर उत्तर देता है:

सम्पदिच्चामि
हाँ, आदरणीय महोदय।
उपज्जय कहता है:
पसादिकेन सम्पदेही। सौहार्दपूर्वक प्रयास करें।

समानेरा जवाब देता है:सम्पदिच्छामि हाँ, आदरणीय महोदय.
समानेरा निम्नलिखित का पाठ करते हुए जारी है
तीन बार:
अज्जतग्गेदानि थेरो, मयहं भरो, अहम्पि थेरस्सा भरो.
अज्जतग्गेदानि थेरो, मयहं भरो, अहम्पि थेरस्सा भरो.
अज्जतग्गेदानि थेरो, मयहं भरो, अहम्पि थेरस्सा भरो.

आज से तुम्हारा बोझ मेरा होगा, और मैं आपकी जिम्मेदारी बनूंगा.

सामनेर तीन बार साष्टांग प्रणाम करता है, खड़ा होता है, और आगे कहता है: वंदामि भंते, सब्बं अपारधं खममथा मे भंते, माया कटम पुन्नं समिना अनुमोदितबं, समिना कटम पुन्नं मयहम दत्तबं, साधु साधु अनुमोदामि। मुझे, आदरणीय महोदय, इस शुभ अवसर पर आपको श्रद्धांजलि अर्पित करने की अनुमति दें। मेरे सभी दोष क्षमा किए जाएं। मेरे पास जो भी गुण हैं, उन्हें मान्यता दी जाए, और मुझे आपके गुणों में हिस्सा लेने की अनुमति दी जाए। यदि यह स्वीकार्य है तो मैं विनम्रतापूर्वक अपना आभार व्यक्त करता हूं।

सामनेर घुटने टेकता है और तीन बार साष्टांग प्रणाम करता है। यदि इस अवसर पर सामनेर को भिक्षु के रूप में नियुक्त नहीं किया जाना है तो यह समारोह समाप्त हो जाता है। सामनेर का धार्मिक नाम (छाया): अब उपाज्जय सामनेर को बताता है कि संघ के लिए औपचारिक दीक्षा (उपसम्पदाकम्मा) करने का समय आ गया है। जब प्रस्ताव और घोषणाएँ की जाती हैं तो सामनेर का नाम और उपाज्जय का नाम बताया जाएगा। उपाज्जय अपना धार्मिक नाम और सामनेर का नया धार्मिक नाम बताता है और उसे निर्देश देता है कि जब उससे पूछा जाए तो वह उन्हें आचार्यों को बताए। इन नामों में से प्रत्येक को बताते हुए उसे उत्तर देना चाहिए: आम भंते। हाँ, आदरणीय महोदय।
कटोरे और वस्त्रों के नाम बताना :

उपाज्जय अब सामनेर को अपना कटोरा और वस्त्र दिखाता है, बारी-बारी से प्रत्येक को छूता है और सामनेर को उसका पाली नाम बताता है। सामनेर को क्रमशः इस प्रकार उत्तर देना चाहिए:

उ. अयन्ते पत्तों।

स. आमा भंते।

उ. अयम संघति।

स. आमा भंते।

उ. अयम उत्तरासंगो।

स. आमा भंते।

उ. अयम अंतरवासको।

स. आमा भंते।

यह आपका भिक्षापात्र है।

हां, आदरणीय महोदय।

यह आपका बाहरी वस्त्र है।

हां, आदरणीय महोदय।

यह आपका ऊपरी वस्त्र है।

हां, आदरणीय महोदय।

यह आपका निचला वस्त्र है। हाँ, आदरणीय महोदय। अब उपाज्जय कटोरे के गोफन को सामनेर के सिर के ऊपर और उसके दाहिने कंधे पर इस तरह रखेंगे कि कटोरा उसके पीछे लटकता रहे और फिर उसे इन शब्दों के साथ हॉल के दरवाजे के पास एक तैयार जगह पर जाने और खड़े होने के लिए कहेंगे: गच्छा अमुम्हि ओकासे तित्थाहि। उस स्थान पर जाओ और वहाँ खड़े हो जाओ। फिर सामनेर अपने घुटनों के बल पीछे की ओर तब तक चलता है जब तक कि वह इकट्ठे हुए भिक्षुओं से दूर न हो जाए, खड़ा हो जाता है और उस स्थान पर जाता है, सावधानी से उस छोटे से गलीचे के चारों ओर घूमता है जिस पर आचार्य खड़े होते हैं। वह गलीचे के पीछे सभा की ओर मुँह करके खड़ा होता है। संघ के बाहर परीक्षा: दोनों आचार्य बुद्ध की प्रतिमा को सम्मान देने के बाद और संघ को यह घोषणा करने के बाद कि वे सामनेर की भिक्षु दीक्षा के लिए उसकी योग्यता की जांच करना चाहते हैं, आगे आएंगे और सामनेर के सामने छोटे से गलीचे पर खड़े होंगे। वे निम्नलिखित मंत्र का जाप करेंगे और फिर सीधे प्रश्नों को आगे बढ़ाएंगे। सुनासि (सामनेर का नाम), अयन्ते सच्चकालो भूतकालो। यं जातं तं संघमज्जे पुच्चन्ते। संतं अथिति वट्टब्बं, असंतं नत्थति वट्टब्बं। मा खो वित्तसि। मा खो मन्कु अहोसि। एवन्तं पुच्चिस्संति: सन्ति ते एवरूपा अभाधा? सुनो, (सामनेर का नाम), यह सत्य का समय है, तथ्यों का समय है। जो कुछ हुआ है, उसके बारे में संघ के बीच में पूछा जाएगा। जो कुछ भी ऐसा है, उसे बताया जाना चाहिए। जो कुछ भी ऐसा नहीं है, उसे बताया जाना चाहिए। शर्मिंदा मत हो। भ्रमित मत हो। आपसे इस प्रकार पूछा जाएगा: क्या आपको ऐसी बीमारियाँ हैं?
प्रश्न कुट्टम? नत्थी भंते। कुष्ठ रोग? नहीं, आदरणीय महोदय.

प्रश्न गुंडो? नत्थी भंते। छाले ? नहीं, आदरणीय महोदय.

प्रश्न किलासो? नत्थी भंते। दाद ? नहीं, आदरणीय महोदय.

प्रश्न सोसो? नत्थी भंते। क्षय रोग ? नहीं, आदरणीय महोदय.

प्रश्न अपामारो? नत्थी भंते। मिर्गी ? नहीं, आदरणीय महोदय.

प्रश्न मनुस्सोसी? ए. आमा भंते. क्या आप मनुष्य हैं? हाँ, आदरणीय महोदय.

प्रश्न. पूरीसोसी? ए. आमा भंते. क्या आप स्वतंत्र व्यक्ति हैं? हाँ, आदरणीय महोदय.

प्रश्न. भुजिसोसी? ए. आमा भंते. क्या आप कर्ज से मुक्त हैं? हाँ, आदरणीय महोदय.

प्रश्न. अननोसी? ए. आमा भंते. सरकारी सेवा से छूट? हाँ, आदरणीय महोदय।

प्रश्न. नासी राजभटो ए. आमा भंते.

प्रश्न. अनुन्नतोसि मातापितुहि ? क्या आपके पास माता-पिता की अनुमति है? उत्तर. आमा भंते। हाँ, आदरणीय महोदय।

प्रश्न. परिपूर्णाविसति वसोसि? क्या आपकी आयु बीस वर्ष है ?उत्तर. आमा भंते। हाँ, आदरणीय महोदय।

प्रश्न. परिपूर्णान्ते पट्टासिवरम? क्या आपके पास कटोरा और वस्त्र है? उत्तर. आमा भंते। हाँ, आदरणीय महोदय।

प्रश्न. किन्नमोसि ?आपका नाम क्या है ? उत्तर. अहम भंते (नाम) नाम। आदरणीय, मेरा नाम है....

प्रश्न. को नाम ते उपज्झायो? आपके उपज्झाय का नाम क्या है?
अ. उपज्झायो मे भन्ते? मेरे उपज्झाय का नाम है............. अयास्मा (नाम) नाम..... आदरणीय महोदय। अब आचार्यगण अपने स्थान पर लौटते हैं और संघ को अपनी परीक्षा का परिणाम बताते हैं। फिर उनमें से एक सामनेर की ओर मुड़ता है और उसे पुकारता है: आगच्छाहि। यहाँ आओ।

एक उच्च समन्वय का अनुरोध (उपासमपद):
समानेरा मंच के किनारे तक चलता है,
उस पर घुटने टेक देता है और घुटनों के बल आगे बढ़ता है
जब तक वह बैठे हुए भिक्षुओं की दूसरी पंक्ति तक नहीं पहुँच जाता।
वह तीन बार साष्टांग प्रणाम करता है और निम्नलिखित पढ़ता है:
संघम्भन्ते उपसम्पदं यकामि, उल्लुम्पतु
मम भन्ते संघो अनुकम्पं उपायाय।
दुतियामपि भन्ते संघं उपसग्पदं यकागि,
उल्लुम्पतु मम भन्ते संघो अनुकम्पम्
उपादेय.
तत्यामपि भन्ते संघं पसम्पादं यकामि,

उल्लुम्पतु मम भन्ते संघो अनुकम्पं उपादय।
आदरणीय महोदय, मैं विनम्रतापूर्वक एक दीक्षा का अनुरोध करता हूँ।
संघ दया करे और मुझे अपना समर्थन दे।
दूसरी बार, आदरणीय महोदय, मैं विनम्रतापूर्वक एक दीक्षा का अनुरोध करता हूँ।
संघ दया करे और मुझे अपना समर्थन दे।
तीसरी बार, आदरणीय महोदय, मैं विनम्रतापूर्वक एक दीक्षा का अनुरोध करता हूँ।
संघ दया करे और मुझे अपना समर्थन दे।

सामनेर तीन बार साष्टांग प्रणाम करता है और अपने हाथों को श्रद्धापूर्वक जोड़कर घुटनों के बल बैठा रहता है। इस समय, उसका उपाज्जय संघ को सूचित करेगा कि यह सामनेर दीक्षा चाहता है जिसके बाद दोनों आचार्य उसकी फिर से जाँच करेंगे। यह जाँच पहले की तरह ही की जाएगी, लेकिन इस बार यह एकत्रित भिक्षुओं के बीच में की जानी चाहिए। सामनेर ठीक उसी तरह उत्तर देता है, जैसा उसने पहली बार दिया था। जब प्रश्न पूरे हो जाएं, तो सामनेर को उसी मुद्रा में बैठना चाहिए और अगले कुछ मिनट ध्यान में बिताने चाहिए। प्रस्ताव और तीन घोषणाएँ (नाट्टिकातुत्तकम्मा) प्रस्ताव और तीन घोषणाएँ संघ के समक्ष दो आचार्यों द्वारा गाई जाती हैं, लेकिन सामनेर के पास कहने के लिए कुछ नहीं होता। जब आचार्यों ने जप समाप्त कर लिया है, तो सामनेर एक नया भिक्षु बन जाता है और उसे अपने कंधे पर लटका हुआ कटोरा उतार देना चाहिए और तीन बार साष्टांग प्रणाम करना चाहिए। अब उसे विनम्र पार्श्व मुद्रा में बैठना चाहिए और अपने उपज्जय को सुनना चाहिए। 23 अनुशासन (उपदेश) यह सभी नए भिक्षुओं को उनके दीक्षा के तुरंत बाद सिखाया जाता है। पाली में गाए जाने वाले इस उपदेश के दो भाग हैं। पहला भाग चार आधारों (चट्टारो निस्सये) की व्याख्या करता है जिन पर एक भिक्षु निर्भर करता है। ये हैं भिक्षा, चिथड़े, वृक्ष की जड़ में निवास और औषधि के रूप में किण्वित मूत्र। इन्हें प्रत्येक मामले में अतिरिक्त छूट के साथ समझाया गया है। दूसरा भाग चार बातों से संबंधित है जो भिक्षुओं द्वारा कभी नहीं की जानी चाहिए (चट्टारि अकारणियाकिच्चनी)। ये हैं संभोग, जो नहीं दिया गया है उसे लेना, जीवन से वंचित करना। श्रेष्ठ मानव अवस्थाओं का दावा करना। इन चारों में से कोई भी कार्य करने वाला भिक्षु उसी क्षण भिक्षु नहीं रह जाता। जब उसका उपाज्जय समाप्त हो जाता है तो नए भिक्षु को आम भंते कहकर इसे स्वीकार करना चाहिए, जिसके बाद वह घुटनों के बल बैठ जाता है और तीन बार साष्टांग प्रणाम करता है। पाली और अंग्रेजी अनुवादों में निम्नलिखित उपदेश दिए गए हैं: कत्तारो निस्सये (चार सहारे) 1. पिंडपाता (भिक्षा के लिए जाना): पिंडियालोपभोजनं निस्सया पब्बज्जा। तथा ते यावजीवं उस्साहो कारणियो, अतिरेकलाभो संघभट्टम, उद्देशभट्टम, निमन्तनम, सलकाभट्टम, पक्खिकम, उपोसथिकम, पटिपादिकम। इस आगे बढ़ने का सहारा भिक्षा भोजन है। अपने जीवन के बाकी समय में, आपको इसके लिए प्रयास करना चाहिए। ये अतिरिक्त भत्ते हैं: संघ के लिए भोजन (सामान्य रूप से, अर्थात् व्यक्तियों को निर्दिष्ट नहीं करना), निर्दिष्ट (भिक्षुओं) के लिए भोजन

(आमंत्रित) भोजन, टोकन द्वारा (दिया गया) भोजन, (पाक्षिक रूप से) दिया गया भोजन, (उपोसथ) दिन पर भोजन, पूर्णिमा के बाद के दिन या अमावस्या के दिन भोजन। 2. पम्सुकुलासीवर (चीर-वस्त्र): पम्सुकुलासीवरं निस्साय पब्बज्जा। तथा ते यावजीवं उस्साहो कारणियो। अतीरेकलाभो: खोमम, कप्पासिकम, कोसेय्यम, कम्बलम, सनम, भंगग। इस जाने वाले किले का आधार चीर-वस्त्र है। अपने शेष जीवन में, आपको इसके साथ प्रयास करना चाहिए। (ये) अतिरिक्त भत्ते हैं: लिनन, कपास, रेशम, ऊन, भांग, इनमें से किसी के मिश्रण से बने वस्त्र, जिनका उल्लेख ऊपर किया गया है। 3. रुक्खामूलसेनसन (एक पेड़ की जड़ में टिकना): रुक्खामूलसेनसनं निस्साय पब्बज्जा। तथा ते यावजीवं उस्साहो कारणियो। अतिरेकलाभो: विहारो, अद्धा योगो, पासादो, हम्मियम, गुहा। इस आगे बढ़ने का आधार एक पेड़ की जड़ में टिकना है। अपने शेष जीवन में, आपको इसके साथ प्रयास करना चाहिए। (ये) अतिरिक्त भत्ते हैं: एक नुकीला छत वाला आवास, एक पंच-छत वाला भवन, एक बहु-मंजिला भवन, एक बड़ी सपाट छत वाली इमारत, एक गुफा। 4. पूतिमुत्तभेसज्जा (औषधि के रूप में किण्वित मूत्र): पूतिमुत्तभेसज्जम निस्साय पब्बज्जा। तथा ते यावजीवम उस्साहो कारणियो। अतिरेकलाभो: सपि, नवनीतम्, तेलम्, मधु, फणितम्। इस आगे बढ़ने का आधार औषधि के रूप में किण्वित मूत्र है। अपने शेष जीवन के लिए, आपको इसके साथ प्रयास करना चाहिए। (ये) अतिरिक्त भत्ते हैं: घी, ताजा मक्खन, तेल, शहद, चीनी।

चत्तारि अकरानियाकिच्चानि (चार काम कभी नहीं करने चाहिए)

1. मेथुनधम्म (संभोग): उपसम्पन्नेन भिक्खुना मेथुनो धम्मो न
patisevitabbo. अन्तमसो तिरच्चनगता यापि। यो भीख
खू मेथुनं धम्मम पतिसेवेति अस्समानो होति asakyaputtiyo.
सेयथापि नाम पुरिसो सिसाचिन्नो अभब्बो तेन
शरीरं धनेन जीवितुम। एवमेव भिक्खु मेथुनम्
धम्मम पतिसेवित्व अस्समानो होति असक्यापुत्तियो।
तंते यावजीवं अकरणीयम्।

जब कोई भिक्षु दीक्षा ले लेता है, तो उसे पशु के साथ भी मैथुन नहीं करना चाहिए। जो भी भिक्षु मैथुन करता है, वह समाना नहीं होता, शाक्यपुत्त (शाक्य कुल के स्वामी का पुत्र) नहीं होता। जैसे सिर कट जाने पर जीवित नहीं रहा जा सकता, क्योंकि सिर शरीर से सबसे अधिक संबंधित होता है, वैसे ही जो भिक्षु मैथुन करता है, वह समाना नहीं होता, शाक्यपुत्त नहीं होता। तुम्हें जीवन भर ऐसा नहीं करना चाहिए।

आदिन्नादान (जो नहीं दिया गया है उसे लेना): उपसम्पन्नेन भिक्खुना आदिन्नं तेय्यासंखातं न आदियितब्बं अन्तमसो तिनशालकम् उपादया। यो भिक्खु पदम् वा पदारहम वा

अतिरेकापादं वा अदिन्नं तेयसंखतम अद्यति
अस्सामानो होति असक्यापुत्तियो।
सेयथापि नाम पाण्डुपलासो बंधना पमुत्तो
अभब्बो हरितत्तया एवमेव भिक्खु पदम् वा
पदारहम वा अतिरेकपादम् वा अदिन्नम थेयसंखतम
अदियित्वा अस्समानो होति असक्यापुत्तियो। तंते यावजीवम्
अकरणीयम्।
जब एक भिक्षु को दीक्षा मिल गई है तो उसे ऐसा नहीं करना चाहिए
जो नहीं दिया गया है उसे चोरी की नियत से ले लो,
भले ही वह घास का एक तिनका ही क्यों न हो। जो भी भिक्षु चोरी की नीयत से ऐसी वस्तु ले लेता है जो उसे नहीं दी गई है, चाहे वह एक पाद हो, एक पाद के बराबर हो या एक पाद से अधिक हो, वह समाना नहीं है, शाक्यपुत्त नहीं है। जैसे मुरझाया हुआ पत्ता डंठल से अलग कर देने पर कभी हरा नहीं हो सकता, वैसे ही जो भिक्षु चोरी की नीयत से ऐसी वस्तु ले लेता है जो उसे नहीं दी गई है, चाहे वह एक पाद हो, एक पाद के बराबर हो या एक पाद से अधिक हो, वह समाना नहीं है, शाक्यपुत्त नहीं है। तुम्हें जीवन भर ऐसा नहीं करना चाहिए। 3. पणजीविता वोरोपना (जीवन से वंचित करना):
उपसम्पन्नेन भिक्खुना संचिच्च पणो जीविता
न वोरोपेटाब्बो अंतमसो कुंथकिपिल्लिकं उपादया।
यो भिक्खु संचिका मनुष्सा विग्गहम जीविता वोरोपेति
अस्समानो गब्बपतानां उपादया अन्तमसो होति
asakyaputtiyo.
सेयथापि नाम पुथुसिला द्विधा भिन्ना
अप्पतिसंधिका होति. एवमेव भिक्खु संसिक्का
मनुस्साविग्गहम् जीविता वोरोपेत्वा अस्समानो होति
asakyaputtiyo. तन्ते यावजीवं अकरणीयम्। जब कोई भिक्षु दीक्षा ले लेता है, तो उसे किसी भी जीव को जीवन से वंचित नहीं करना चाहिए, चाहे वह काली या सफेद चींटी ही क्यों न हो। जो भी भिक्षु किसी मनुष्य को जीवन से वंचित करता है, चाहे वह गर्भपात कराने के तरीके से ही क्यों न हो, वह समाना नहीं है, शाक्यपुत्त नहीं है। जैसे दो टुकड़ों में टूटा हुआ ठोस पत्थर फिर से नहीं जोड़ा जा सकता, वैसे ही जो भिक्षु जानबूझकर किसी मनुष्य को जीवन से वंचित करता है, वह समाना नहीं है, शाक्यपुत्त नहीं है। इसके लिए आपको ऐसा नहीं करना चाहिए
आपके बाकी जीवन का
4. उत्तरीमनुस्साधम्म (श्रेष्ठ मानव होने का दावा करना)।
राज्य) उपसम्पन्नेन भिक्खुना उत्तरिमनुस्साधम्मो
न उल्लापिटब्बो अंतमसो सुन्नगारे अभिराममिति।

यो भिक्खु पापिच्चो इच्छापकतो । असंतम अभूतम्
उत्तरिमनुस्साधम्मम् उल्लापति। झनम वा विमोक्खम
वा समाधिम वा समापत्तिम वा मग्गम वा फलम् वा।
असमणो होति असक्यापुत्तियो।
सेय्याथापि नाम तालो मत्थाकाच्चिन्नो अभब्बो
पुना विरुल्हिया एवमेव भिक्खु पापिच्चो इच्छापकतो
असन्तं अभूतं उत्तरिमनुस्सधम्मं उल्लापित्वा।
असमणो होति असक्यापुत्तियो। तंते यावजीवं अकरणीयम्।
जब एक भिक्षु को दीक्षा मिल गई है तो उसे ऐसा नहीं करना चाहिए
एक श्रेष्ठ मानवीय स्थिति का दावा करें, यहाँ तक कि (कहते हुए), "मैं।"
एकांत स्थानों में आनंद लें" जो भी भिक्षु बुरी इच्छाओं से युक्त, लोभ से अभिभूत होकर श्रेष्ठ मानव अवस्था का दावा करता है, जो कि वास्तविक नहीं है, (अर्थात् एकाग्रता, मुक्ति, एकाग्रता, प्राप्ति, मार्ग या फल) वह समाना नहीं है, शाक्यपुत्त नहीं है।

जैसे मुकुट से कटा हुआ ताड़ का पेड़ आगे बढ़ने में असमर्थ होता है, वैसे ही दुष्ट कामनाओं से युक्त, लोभ से अभिभूत भिक्षु, श्रेष्ठ मानव अवस्था का दावा करता है, जो वास्तविक नहीं है, जो तथ्यहीन है, वह समाना नहीं है, शाक्यपुत्त नहीं है। ऐसा तुम्हें जीवन भर नहीं करना चाहिए।
समारोह का समापन: अब नए भिक्षु का प्रायोजक उसके पीछे आकर उसे प्रसाद की एक थाली देगा, जिसे वह दूसरे आचार्य को देगा, जो आमतौर पर नए भिक्षु के दाईं ओर बैठा होगा। उसे

यह थाली आचार्य को देते समय उसकी ओर मुड़ना चाहिए, और फिर एक बार साष्टांग प्रणाम करना चाहिए। ऐसा करने के बाद नए भिक्षु को अपने उपाज्जय की ओर मुख करके एक बार फिर बैठना चाहिए। उसे एक छोटी कुप्पी और कटोरा दिया जाएगा और जब उसका उपाज्जय श्लोकों का जाप करेगा, तो उसे कटोरे में पानी डालना चाहिए और अन्य सभी प्राणियों को दीक्षा देकर जो पुण्य अर्जित किया है, उसे समर्पित करने पर ध्यान केंद्रित करना चाहिए। जब अन्य भिक्षु जप में शामिल हों, तो उसे बचा हुआ पानी कटोरे में डालना चाहिए और हाथ जोड़कर जप सुनना चाहिए। जप के अंत में नए भिक्षु को घुटने टेककर बुद्ध की प्रतिमा और संघ को तीन बार साष्टांग प्रणाम करना चाहिए। अब समारोह समाप्त हो गया है। कनिष्ठ अपराधों की स्वीकारोक्ति प्रत्येक भिक्षु को विनय के नियमों और परंपराओं का पालन करना चाहिए। इसके प्रशिक्षण के किसी भी नियम का उल्लंघन करना अपाति या अपराध कहलाता है। अपराध दो प्रकार के होते हैं: असाध्य (अतेकिच्छा) और साध्य (सतेकिच्छा)। पूर्व में पराजिका या पराजय नामक वर्ग का उल्लेख है। जो भिक्षु चार पराजिका अपराधों में से कोई भी अपराध करता है, वह स्वतः ही भिक्षु नहीं रह जाता। उसे वस्त्र उतारकर समुदाय छोड़ देना चाहिए और सामान्य जीवन जीना शुरू कर देना चाहिए; पुनर्संस्कार का कोई भी प्रयास स्वतः ही अमान्य हो जाता है। उपचार योग्य अपराधों को दो प्रकारों में विभाजित किया जा सकता है: भारी (गरुकापट्टी) और हल्का (लहुकापट्टी)। गंभीर उपचार योग्य अपराधों का केवल एक ही वर्ग है, तेरह संधियाँ, जिसके लिए संघ की प्रारंभिक और बाद की बैठकें होती हैं। इन अपराधों का उपचार परिवीक्षा (परिवास) से होकर होता है, जिसके बाद यदि संघ को व्यक्ति के पश्चाताप का विश्वास हो जाता है - तो कम से कम बीस भिक्षुओं की बैठक बुलाई जाती है और अपराधी को फिर से शुद्ध घोषित किया जाता है और उसे उसकी मूल स्थिति में बहाल किया जाता है। हल्के अपराध विभिन्न श्रेणियों के होते हैं, जो गंभीरता के अवरोही क्रम में इस प्रकार हैं; थुल्लकया (गंभीर अपराध), पचितिया (प्रायश्चित के अपराध), पतिदेसानिया (स्वीकार किए जाने वाले अपराध), दुक्कता (गलत काम करने के अपराध) और दुब्भासिट (गलत भाषण के अपराध)। भिक्षु का यह कर्तव्य है कि वह प्रतिदिन साथी भिक्षु के साथ छोटे-मोटे अपराधों की स्वीकारोक्ति करे। इससे छोटे-मोटे अपराधों या व्यक्तिगत कमजोरियों से शुद्धि हो सकती है, जो मठवासी आचरण का उल्लंघन नहीं हो सकता है। जो भिक्षु हल्का अपराध स्वीकार करना चाहता है, उसे अपना वस्त्र बाएं कंधे पर रखना चाहिए (दायां कंधा खुला रखना चाहिए) और दूसरे भिक्षु के पास जाकर उसके सामने घुटने टेकना चाहिए। सम्मान में हाथ जोड़कर, वह अपराध स्वीकार करने की अपनी इच्छा प्रकट करता है। यदि वह अपराध को विशेष रूप से याद कर सकता है, तो उसे पहले दूसरे भिक्षु को उसकी भाषा में बताना चाहिए। यह उन भिक्षुओं को रोकता है, जिनके पास एक ही अपराध है, एक साथ स्वीकारोक्ति करने से। फिर वह स्वीकारोक्ति के लिए पारंपरिक पाली मार्ग कहता है। यद्यपि हल्के अपराधों को स्वीकार करने का सूत्र इस बात पर निर्भर करता है कि किसी विशेष वर्ग के एक या अधिक अपराधों को एक साथ स्वीकार किया जा रहा है या नहीं, और क्या अपराध एक या अधिक नियमों से संबंधित हैं - स्वीकारोक्ति का

सामान्य रूप वह है जिसे नए भिक्षु सबसे पहले सीखते हैं, क्योंकि इसका उपयोग प्रत्येक उपोसथ दिवस पर पातिमोक्खा का पाठ सुनने से पहले किसी भी अपराध, चाहे वह जानबूझकर हो या अनजाने में, से खुद को मुक्त करने के लिए किया जाता है। चूँकि एक भिक्षु को अपने द्वारा किए गए अपराधों की संख्या को बढ़ा-चढ़ाकर बताने की अनुमति है, और (सूत्र "देखें" गें) उस अपराध को स्वीकार करने की अनुमति है जिसके बारे में उसे पता नहीं है, कंबल फॉर्म का इस्तेमाल अन्य अवसरों पर भी किया जा सकता है, तब भी जब केवल एक या दो अपराधों को ही स्वीकार किया जा रहा हो। कनिष्ठ: सब्बता अपत्तियो अरसेमी। (तीन बार) मैं अपने सभी अपराधों को स्वीकार करने का अवसर चाहता हूँ। सब्ब गरुलाहुका अपत्तियो अरसेमी। (तीन बार) मैं सभी अपराधों को स्वीकार करने का अवसर चाहता हूँ, चाहे वे गंभीर हों या मामूली, अहम भंते संभुला नानावत्थुकायो, अपत्तियो अपज्जिम ता तुम्हामले पतिदेसेमी। आदरणीय महोदय। मैं आपके सामने अपने अपराधों को स्वीकार करने का अवसर चाहता हूँ। वरिष्ठ: पासासि अवसो ता अपत्तियो, हे! छोटे भिक्षु, क्या आप अपने अपराध देख सकते हैं?

कनिष्ठ: उकासा अमा भंते पसामि।
वरिष्ठ भिक्षु! कृपया मुझे अवसर दीजिये.
क्योंकि, मैं उन्हें नहीं देख सकता।
वरिष्ठ: अयातिम अवुसो संवरेयसि,

छोटे भिक्षु!अब से तुम्हें संयमित रहना चाहिए.

कनिष्ठ: साधु सुत्थु भंते संवरिसामि,

वरिष्ठ भिक्षु! अब से मैं संयमित रहूंगा,

दुतियामपि साधु सुत्थु भन्ते संवरिस्समि, दूसरी बार...

तत्यामपि साधु सुत्थु भन्ते संवरिस्समि। तीसरी बार...

कनिष्ठ: न पुनेवम करिस्सामि। मैं ऐसा फिर कभी नहीं करूँगा।

वरिष्ठ: साधु। बहुत बढ़िया।

कनिष्ठ: न पुनेवम भस्सामि। मैं ऐसा फिर कभी नहीं बोलूँगा।

वरिष्ठ: साधु। बहुत बढ़िया।

कनिष्ठ: न पुनेवम चिन्तयिस्सामि। मैं ऐसा फिर कभी नहीं सोचूँगा।

वरिष्ठ: साधु। बहुत बढ़िया।

इसके बाद छोटे और वरिष्ठ भिक्षुओं के बीच भूमिकाओं के आदान-प्रदान के साथ समारोह दोहराया जाता है।

क्षमा माँगने के शब्द -बड़े भिक्षुओं को सम्मान देने के लिए उपयोग किए जाते हैं

बुद्ध की शिक्षा यह मानती है कि जब कोई व्यक्ति जानता है कि उसने दूसरे के साथ गलत किया है, तो उसे उस व्यक्ति से क्षमा माँगनी चाहिए जिसके साथ उसने गलत किया है।

क्षमा माँगने वाले व्यक्ति को, जब वह व्यक्ति क्षमा माँगता है, तो उसे पहले वाले के प्रति द्वेष नहीं रखना चाहिए, बल्कि उसे क्षमा कर देना चाहिए।
शुरुआती दिनों में भिक्षुओं के बीच, बारिश का सबसे अच्छा अवसर होता है। इस प्रकार कनिष्ठ भिक्षुओं के लिए बारिश के पहले दिन या उसके तुरंत बाद अपने वरिष्ठों से क्षमा मांगना पारंपरिक हो गया है, यह इस बात पर निर्भर करता है कि वे एक ही या अलग-अलग मठों में रहते हैं। क्षमा मांगने की प्रक्रिया मोमबत्तियाँ, धूप या फूल चढ़ाने से शुरू होती है (कुछ मठों में, नमो का तीन बार जाप किया जाता है और फिर समूह में सबसे वरिष्ठ भिक्षु द्वारा प्रसाद-थाली उठाई जाती है और वहाँ जप करते समय उसे पकड़ लिया जाता है)। क्षमा माँगना इस प्रकार किया जाता है: कनिष्ठ भिक्षु: वहाँ पमादेन, द्वारत्तयेन कतम सब्बं अपरधं खमथा मे भंते। आदरणीय महोदय, मैंने तीन द्वारों (शरीर, वाणी और मन) के माध्यम से आपकी अनदेखी करके जो कुछ किया है, उसके लिए मुझे क्षमा करें।

वरिष्ठ: अहम् खमामि, तया पी मे खमिताबम।
मैं तुम्हें क्षमा करता हूँ; तुम्हें भी मुझे क्षमा करना चाहिए।
कनिष्ठ भिक्षु: उकासा खमामि भंते।
मैं तुम्हें क्षमा करता हूँ, आदरणीय महोदय।

भिक्षु समूह के रूप में क्षमा माँग सकते हैं, मी (मुझे) शब्द को नो (हमें) में बदल सकते हैं, और खमामि (मैं क्षमा करता हूँ) को खमामा (हम क्षमा करते हैं) में बदल सकते हैं। तब भिक्षु को तयापि (आप द्वारा - एकवचन) के बजाय तुम्हेहिपि (आपके द्वारा बहुवचन) कहना चाहिए। वहाँ

शब्द अपने से वरिष्ठ भिक्षुओं के लिए सम्मान का शब्द है, और इसे जब भी उपयुक्त हो निम्नलिखित शब्दों से प्रतिस्थापित किया जा सकता है: उपज्झे (अपने गुरु के लिए), आचार्ये (अपने शिक्षक के लिए), अयस्मांते (अधिक वरिष्ठ भिक्षु के लिए सम्मान का एक सामान्य शब्द), महाथेरे (बहुत वरिष्ठ और सम्मानित भिक्षु के लिए)। कुछ मठों में, क्षमा मांगने वाले सभी भिक्षु इस जाप के तुरंत बाद खुद को दंडवत करते हैं, और उस स्थिति में रहते हैं जब तक वरिष्ठ भिक्षु आशीर्वाद के छंदों के साथ अपनी क्षमा बोलता है, जिसके अंत में सभी, अभी भी दंडवत करते हुए जवाब देते हैं, साधु भंते, यहां तक कि उन मामलों में जहां कोई गलत नहीं किया गया है, प्रथा अभी भी पालन की जाती है। जब कोई वरिष्ठ भिक्षु किसी कनिष्ठ भिक्षु के साथ वास्तव में गलत करता है, तो उसे भी क्षमा मांगनी चाहिए, और अपनी वरिष्ठता पर अड़ा नहीं रहना चाहिए।

नोट: समूह में क्षमा मांगने के लिए मी को मा में बदलें और खमामि भंते को खमामा भंते में बदलें। क्षमा प्राप्त करने वाले के लिए त्यापी को तुम्हीपि में बदलें और खमामि को खमामा में बदलें।

अनुमोदना आशीर्वाद श्लोक
1. यथा वारिवाहा पुरा परिपूर्णति सागरं
जिस प्रकार जल से भरी नदियाँ समुद्र को पूरी तरह भर देती हैं,
एवमेव इतो दिन्नम पेटनम उपकप्पति
यहाँ जो दिया गया है वह दिवंगत आत्माओं को आशीर्वाद देता है।
इच्छितां पट्टितं तुम्हां खिप्पमेव समिज्झतु
आपकी सभी आशाएँ और आपकी सभी इच्छाएँ बहुत कम समय में पूरी हो जाएँ,
सब्बे पुरेंतु संकप्पा चन्दो पन्नरासो यथा,
मणि जोतिरासो यथा

आपकी सभी इच्छाएँ पूर्ण हों, पूर्णिमा की तरह,
या एक उज्ज्वल और चमकते हुए रत्न की तरह।
सब्बीतियो विवज्जन्तु सभी दुर्भाग्य दूर हों।
सब्बरोगो विनाशातु सभी रोग दूर हो जाएँ।
मा ते भवत्वन्तरायो आप कभी भी संकटों से न मिलें।

सुखी दीघायुको भव आप सुखी रहें और दीर्घायु हों।
अभिवदनसीलिस्सा निच्चं वुढापचायिनो
जो लोग आदरणीय हैं, जो हमेशा बड़ों का सम्मान करते हैं,

चत्तारो धम्म वढन्ति आयु वण्नो सुखं बलं
चार गुण हैं जो बढ़ेंगे: दीर्घायु,
सुंदरता, खुशी और शक्ति।

2. अग्गप्पासादसुत्त गाथा
सर्वोच्च विषय पर प्रवचन
अग्गतो वे पसंनानं अग्गं धम्मं विजानतम्
आत्मविश्वास के साथ, धम्म का एहसास होना सर्वोच्च,
अग्गे बुद्धे पसाननं दक्खिनेय अनुत्तरे
सर्वोच्च बुद्ध में विश्वास, अद्वितीय
योग्य प्रसाद में.
अग्गे धम्मे पसनन्नं विरागुपसमे सुखे
सर्वोच्च धम्म में विश्वास, का आनंद
शांति, वैराग्य.
अग्गे संगे पसन्नानं पुननकखेते अनुत्तारे
सर्वोच्च संघ में विश्वास, अद्वितीय
योग्यता के क्षेत्र के रूप में.
अग्गास्मिं दानं ददतं अग्गां पुञ्ञं पवद्धति
परमात्मा को दान देकर मनुष्य परम पुण्य प्राप्त करता है,
अग्गां आयु च वण्नो च यसो कित्ति सुखं बलं
परम दीर्घायु, सौंदर्य, पद, सम्मान, आनंद और शक्ति,
अग्गास्सा दाता मेधावी अग्गाधम्मसमाहितो
परम धम्म में दृढ़ निश्चयी बुद्धिमान व्यक्ति,
देवभूतो मनुस्सो वा अग्गाप्पत्तो पमोदतीति।
चाहे वह देव बने या मनुष्य, परम तत्व को प्राप्त करके आनंदित होता है।
3. सो-अट्ठा-लद्दो अर्पण के लाभ
सो अट्ठलद्दो सुखितो विरुꣳहो बुद्धसासने
वह अपने लक्ष्य प्राप्त करे, खुश रहे, और बुद्ध की शिक्षाओं में फले-फूले।
अरोगो सुखितो होहि सहा सब्बेहि नातिभि
वह अपने सभी रिश्तेदारों के साथ खुश रहे
और रोग मुक्त रहे।
सा अट्ठलद्दा सुखिता विरुꣳहा बुद्धसासने
वह अपने लक्ष्य प्राप्त करे, खुश रहे, और बुद्ध की शिक्षाओं में फले-फूले।

अरोगा सुखिता होहि सहा सब्बेहि नातिभि।
वह अपने सभी रिश्तेदारों के साथ खुश रहे
और रोग मुक्त रहे।
ते अट्ठलद्धा सुखिता तिरुੱ्हा बुद्धशासने
वे अपने लक्ष्य प्राप्त करें, खुश रहें, और बुद्ध की शिक्षाओं में फलें-फूलें।

अरोगा सुखिता होथा सह सब्बेहि नातिभि
वे अपने सभी रिश्तेदारों के साथ खुश रहें
और रोग मुक्त रहें।

4. भोजनदानानुमोदनागाथा
प्रशंसा श्लोक
आयुदो बलदो धीरो वण्णदो पतिभानदो

ज्ञानी व्यक्ति जीवन, शक्ति,
सुंदरता और तीव्र बुद्धि देकर,

सुखस्स दाता मेधावी सुखं सो अधि-गच्छति

बुद्धिमान व्यक्ति, सुख देने वाला व्यक्ति स्वयं सुख प्राप्त करता है।
आयुं दत्वा बलं वणं सुखञ्च पतिभाणदो

जीवन, शक्ति, सौंदर्य, सुख और
तीक्ष्ण बुद्धि प्रदान करके,

दीघायु यशव होति यथा यत्थुपपज्जति

वह जहाँ भी उत्पन्न होता है, वहाँ दीर्घायु और प्रतिष्ठित होता है।

5. सब्बारोगविनिमुत्तो
आनंद के तरीके
सब्बारोगविनिमुत्तो सब्बसंतापवज्जितो सब्बा वेरा मातिक-कांतो निब्बुतो च तुवं भव

आप सभी रोगों से मुक्त हों, सभी पीड़ाओं से सुरक्षित हों, सभी शत्रुता से परे हों और असीम हों।
सब्बितियो विवज्जन्तु सब्बारोगो विनाशतु मा ते भवत्-वन्तरायो सुखी दिघायुको भव

सभी दुर्भाग्य टलें, सभी बीमारियाँ दूर हों, आप कभी खतरों से न मिलें, आप खुश रहें और दीर्घायु हों।

अभिवदनसीलिस्सा निच्चं वुड्ढापचायिनो जो लोग आदर करते हैं, जो हमेशा बड़ों का सम्मान करते हैं,
चत्तारो धम्म वढन्ति आयु वण्णो सुखं, भलं
चार गुण हैं जो बढ़ेंगे: दीर्घायु, सुंदरता, खुशी और शक्ति।

6. कुलमंगलाचक्कवदेव
आशीर्वाद का लघु क्षेत्र
सब्बबुद्धनुभावेन
बुद्ध की सारी शक्ति के माध्यम से,
सब्बधम्मनुभावेन
धम्म की सारी शक्ति,

सब्बससंघानुभावेन
संघ की सारी शक्ति,
बुद्धरतनं धम्मरतनं संघरतनं
तिन्नं रतनानां अनुभावेन

त्रिरत्न की शक्ति; बुद्ध-रत्न, धम्म-रत्न, संघ-रत्न, चतुरासीतिसहस्स धम्मखंडानुभावेन चौरासी हजार धम्म समुच्चयों की शक्ति, पिटकट्टयानुभावेन त्रिपिटक की शक्ति, जिनसावकानुभावेन विजेता के शिष्यों की शक्ति, सब्बे ते रोग सब्बे ते भय सब्बे ते अंतरया आपके सभी रोग, आपके सभी भय, आपकी सभी बाधाएँ, सब्बे ते उपद्दवा सब्बे ते दुन्निमित्ता सब्बे ते अवमंगला विनाशंतु आपके सभी खतरे, आपके सभी बुरे दर्शन, आपके सभी बुरे शगुन नष्ट हो जाएँ। आयुवधको
धनवधको सिरिवधको
यशावन्धको बलवन्धको वनवन्धको
सुखवधको होतु सब्बदा
दीर्घायु, धन-धान्य की सदैव वृद्धि हो।
महिमा, रुतबा, ताकत, सुंदरता और खुशी।
दुक्खरोगभ्या वेरा सोका सत्तु कपद्दवा
अनेका अंतरायपि विनाशंतु च तेजसा

कष्ट, रोग, ख़तरा, शत्रुता, दुःख,
विपत्ति, दुर्भाग्य-बिना संख्या की बाधाएँ गायब हो जाती हैं
(ट्रिपल रत्न की) महिमा के माध्यम से।
जयसिद्धि धनं लाभं सोट्ठि भाग्यं सुखं बलं, विजय, सफलता, धन, लाभ, सुरक्षा, सौभाग्य, सुख, शक्ति, सिरियायु च वन्नो च भोगं वुढि च यशव महिमा, दीर्घायु, सौंदर्य, सौभाग्य, वृद्धि और पद, सतवस्सा च आयु च जीवसिद्धि भवन्तु ते सौ वर्ष की आयु और आजीविका में सफलता: ये सब आपको मिलें। 7. कालदानसुत्तगाथा 7 ऋतु के अनुसार अर्पण
काले ददंति स्वप्न वदनु वीतमच्चरा
जो विवेकशील, उत्तरदायी, कंजूसपन से मुक्त हैं, वे उचित ऋतु में दान करते हैं,
कालेन दिन्नं अरियेसु उजुभुतेसु तादिसु,
उचित ऋतु में दान करके, सज्जनों से प्रेरित हृदय से-सीधे और स्थिर मन से
विप्पसन्नमना तस्सा विपुला होति दक्षिणा ये
तत्थ अनुमोदन्ति वेय्यावच्चं करोति वा

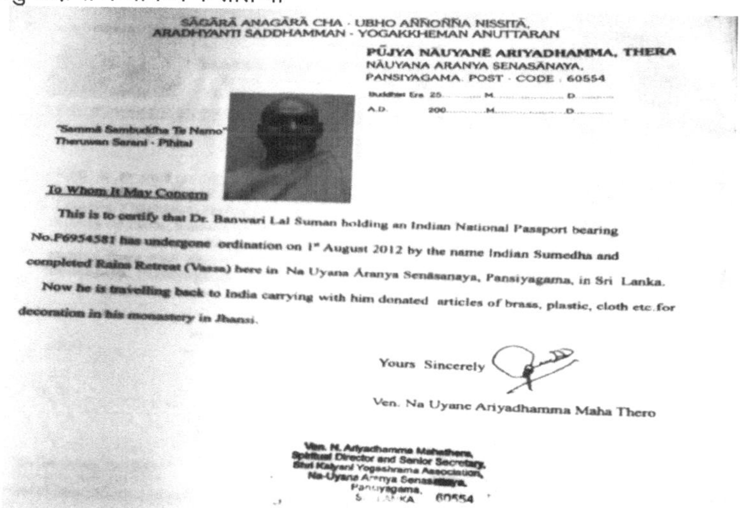

SĀGĀRĀ ANAGĀRĀ CHA - UBHO AÑÑOÑÑA NISSITĀ,
ARADHYANTI SADDHAMMAN - YOGAKKHEMAN ANUTTARAN

PŪJYA NĀUYANĒ ARIYADHAMMA, THERA
NĀUYANA ARANYA SENASĀNAYA,
PANSIYAGAMA. POST - CODE . 60554

Buddhist Era 25........ M.................. D..........
A.D. 200........ M.................. D..........

"Sammā Sambuddha Te Namo"
Theruwan Sarani - Pihitai

To Whom It May Concern

This is to certify that Dr. Banwari Lal Suman holding an Indian National Passport bearing No.P6954581 has undergone ordination on 1st August 2012 by the name Indian Sumedha and completed Rains Retreat (Vassa) here in Na Uyana Āranya Senāsanaya, Pansiyagama, in Sri Lanka.

Now he is travelling back to India carrying with him donated articles of brass, plastic, cloth etc.for decoration in his monastery in Jhansi.

Yours Sincerely

Ven. Na Uyane Ariyadhamma Maha Thero

Ven. N. Ariyadhamma Mahathera,
Spiritual Director and Senior Secretary,
Shri Kalyani Yogashrama Association,
Na-Uyana Aranya Senasanaya,
Pansiyagama,
SRI LANKA 60554

जो लोग सहायता के उस दान में आनन्दित होते हैं, उनका अर्पण प्रचुर मात्रा में होता है।
न तेना दक्खिना ओना तेपि पुञ्णास्सा भगिनो

उनका भी पुण्य में हिस्सा है, और अर्पण उससे कम नहीं होता,

तस्मा ददे अप्पतिवानचित्तो यत्था दिन्नं महापफलं

इसलिए, बिना किसी हिचकिचाहट के, व्यक्ति को वह दान करना चाहिए जहाँ दान महान फल देता है।

पुञ्ञानि परलोकस्मिं पतिट्ठा होन्ति पाणिनन्ति

पुण्य जीवों को अगले जीवन में स्थापित करता है। 8. तिरोकुण्डकण्डअं
मृतक को अर्पण
आदासि मे आकाशि मे नातिमित्ता सखा च मे
याद करते हुए कि वे क्या करते थे, ("उसने मुझे दिया,
उसने अतीत में मेरी मदद की")
पेटानं दक्खिनां तज्जा पुब्बे कटमनुस्सरां
उन्हें दिवंगत लोगों के लाभ के लिए अर्पण करना चाहिए,
न हि रुणणं वा सोको वा या वण्णा परितेवाना
क्योंकि कोई रोना-धोना नहीं, कोई शोक नहीं, कोई अन्य विलाप नहीं,
न तनं पेटानमत्तया एवं तिट्ठन्ति नातयो
मृतकों को लाभ होता है, जिनके रिश्तेदार अभी भी जीवित हैं पाताल लोक।
अयंच खो दक्खिना दिन्ना संघमहि सुपतिट्ठिता

लेकिन जब यह भेंट संघ को दी जाती है,

दीर्घत्तं हितायस्स थानसो उपकप्पति

यह उनके प्रियजनों के दीर्घकालिक लाभ के लिए काम करता है।

सो नाथिधम्मो च अयं नितासितो

इस तरह, रिश्तेदारों के प्रति उचित कर्तव्य दिखाया गया है।

पेताना पूजा च कट उलारा

मृतकों को बहुत सम्मान दिया गया है।

बालंच भिक्खुनामनुप्पदिन्नं

और भिक्षुओं को शक्ति दी गई है।

तुम्हेहि पुञ्णां पसुतां अनप्पाकंति

आपने जो पुण्य अर्जित किया है वह छोटा नहीं है।

9. सुमंगलागाथी
उत्कृष्ट आशीर्वाद के छंद
भवतु सब्बमंगलं रक्खंतु सब्बदेवता
सब मंगल मंगल हो, सब मंगल हो
देवता आपकी रक्षा करते हैं।
सब्बबुद्धनुभावेन सदा सोत्थि भवन्तु ते
सभी बुद्धों की शक्ति के माध्यम से, हो सकता है आप
हमेशा अच्छा रहो.
भवतु सब्बमंगलं रक्खंतु सब्बदेवता
सर्व मंगल मंगल हो, सर्व देव मंगल हो
आपकी रक्षा करता है।

सब्बधम्मनुभावेन सदा सोत्थि भवन्तु ते
सभी धम्म की शक्ति के माध्यम से, हो सकता है आप हमेशा अच्छा रहो.
भवतु सब्बमंगलं रक्खंतु सब्बदेवता
सब मंगल मंगल हो, सब मंगल हो
देवता आपकी रक्षा करते हैं।
सब्बासंघानुभावेन सदा सोत्थि भवन्तु ते
समस्त संघ की शक्ति के माध्यम से, हो सकता है आप
हमेशा अच्छा रहो

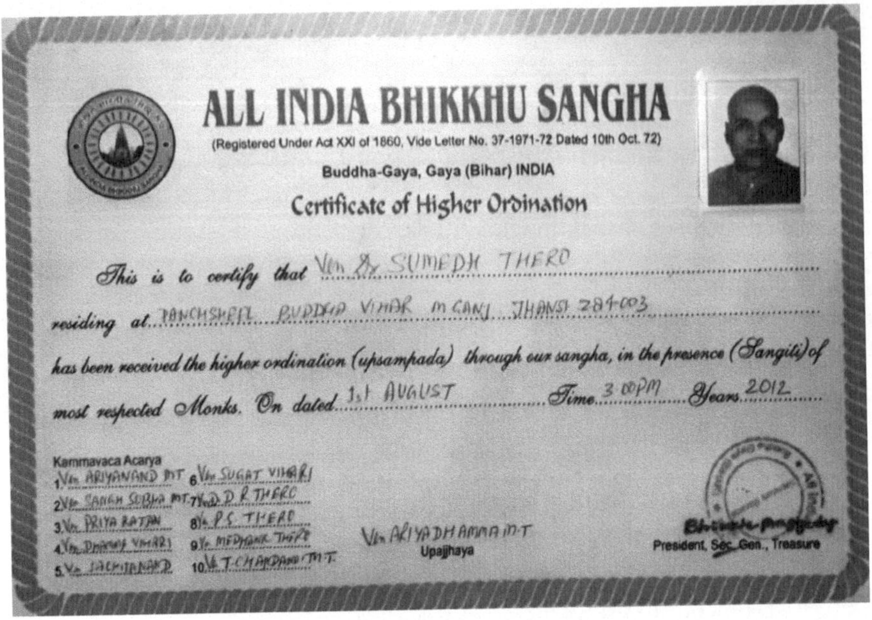

ALL INDIA BHIKKHU SANGHA

(Registered Under Act XXI of 1860, Vide Letter No. 37-1971-72 Dated 10th Oct. 72)

Buddha-Gaya, Gaya (Bihar) INDIA

Certificate of Higher Ordination

This is to certify that Ven. Dr. SUMEDH THERO

residing at PANCHSHEEL BUDDHA VIHAR M GANJ JHANSI 284003

has been received the higher ordination (upsampada) through our sangha, in the presence (Sangiti) of most respected Monks. On dated 1st AUGUST Time 3.00PM Years 2012

Kammavaca Acarya

1. Ven. ARIYANAND M.T.
2. Ven. SANGH SOBHA M.T.
3. Ven. PRIYA RATAN
4. Ven. DHAMMA VIHARI
5. Ven. SACHITANAND
6. Ven. SUGAT VIHARI
7. Ven. D. R. THERO
8. Ven. P. S. THERO
9. Ven. MEDHANK THERO
10. Ven. T. CHANDAMNI M.T.

Ven. ARIYADHAMMA M.T.
Upajjhaya

President, Sec. Gen., Treasure

Such Certificates may Issue

थेरवाद बौद्ध धर्म में, पातिमोक्खा मठवासी अनुशासन का मूल कोड है, जिसमें पूर्ण रूप से नियुक्त भिक्षुओं (भिक्षुओं) के लिए 227 नियम और भिक्षुणियों (भिक्षुणियों) के लिए 311 नियम शामिल हैं। यह विनय पिटक के एक विभाग सुत्तविभंग में निहित है।
पाराजिकाचार पाराजिका (शाब्दिक रूप से "पराजित") ऐसे नियम हैं जो जीवन भर के लिए संघ से निष्कासन का प्रावधान करते हैं। यदि कोई भिक्षु किसी भी नियम को तोड़ता है तो वह पवित्र जीवन में स्वतः ही "पराजित" हो जाता है और तुरंत भिक्षुत्व से गिर जाता है। उसे अपने जीवनकाल में फिर से भिक्षु बनने की अनुमति नहीं है। अपराध का गठन करने के लिए इन सभी चार मामलों में इरादा होना आवश्यक है। भिक्षुओं के लिए चार पाराजिकाएँ हैं:
1. यौन संभोग: किसी भी यौन संभोग में संलग्न होना।
2. चोरी: 1/24 ट्रॉय औंस सोने (स्थानीय कानून द्वारा निर्धारित) से अधिक मूल्य की किसी भी वस्तु की लूट।

3. हत्या: किसी व्यक्ति की मृत्यु का कारण बनना - चाहे उस व्यक्ति की हत्या करके, उस व्यक्ति को मारने के लिए हत्यारे की व्यवस्था करके, उस व्यक्ति को मरने के लिए उकसाकर, या मृत्यु के लाभों का वर्णन करके।

4. झूठ बोलना: किसी अन्य व्यक्ति से झूठ बोलना कि उसने एक श्रेष्ठ मानव अवस्था प्राप्त कर ली है, जैसे कि खुद को अरहंत होने का दावा करना जबकि वह जानता है कि वह अरहंत नहीं है, या यह दावा करना कि उसने ज्ञान में से किसी एक को प्राप्त कर लिया है जबकि वह जानता है कि उसने ज्ञान प्राप्त नहीं किया है।

पाराजिक पाँच उपदेशों में से पहले चार की अधिक विशिष्ट परिभाषाएँ हैं।

संघादिसेश-तेरह संघादिसेश ऐसे नियम हैं जिनके लिए संघ की प्रारंभिक और बाद की बैठक (सामुदायिक बैठकें) की आवश्यकता होती है। यदि कोई भिक्षु यहाँ कोई नियम तोड़ता है तो उसे परिवीक्षा या अनुशासन की अवधि से गुजरना पड़ता है जिसके बाद, यदि वह खुद को पश्चातापी दिखाता है, तो उसे कम से कम बीस भिक्षुओं के संघ द्वारा बहाल किया जा सकता है। पाराजिकों की तरह, संघादिसेश केवल भिक्षु के अपने इरादे से ही आ सकते हैं और उन्हें गलती से लागू नहीं किया जा सकता है। भिक्षुओं के लिए तेरह संघादिसेश हैं:
1. वीर्य का स्खलन या किसी से अपना वीर्य स्खलन करवाना, सिवाय स्वप्न के।
2. किसी महिला के साथ कामुक शारीरिक संपर्क, जिसमें चुंबन या हाथ पकड़ना शामिल है।
3. किसी महिला के जननांगों या यौन संभोग का हवाला देते हुए कामुक टिप्पणी करना।
4. किसी महिला से यौन एहसान माँगना, या उसे यह बताना कि उसे भिक्षु के साथ यौन संबंध बनाने से आध्यात्मिक रूप से लाभ होगा।
5. किसी पुरुष और महिला के बीच डेट, अफेयर या शादी की व्यवस्था करना।

6. संघ की अनुमति के बिना कुटिया बनाना, या 3 x 1.75 मीटर से अधिक आकार की कुटिया बनाना।
7. संघ की अनुमति के बिना किसी और से अपने लिए कुटिया बनवाना, या 3 x 1.75 मीटर से अधिक आकार की कुटिया बनवाना।
8. किसी अन्य भिक्षु के बारे में निराधार आरोप लगाना, ताकि उसे निर्वस्त्र किया जा सके।
9. किसी अन्य भिक्षु के बारे में छलपूर्ण शब्दों में आरोप लगाना, ताकि उसे निर्वस्त्र किया जा सके।
10. तीन बार फटकारे जाने के बाद भी, विभाजन के लिए आंदोलन करना।
11. किसी आंदोलनकारी का समर्थन करना, भले ही उसे तीन बार फटकारा गया हो (केवल तभी लागू होता है जब चार से कम समर्थक हों।)
12. तीन बार फटकारे जाने के बाद भी, अच्छी तरह से आधारित आलोचना को अस्वीकार करना।
13. तीन बार फटकारे जाने के बाद भी, अपने स्वयं के निर्वासन के न्याय की आलोचना करना।
अनियता- अनियता दो अनिश्चित नियम हैं, जहाँ किसी भिक्षु पर किसी आम व्यक्ति द्वारा किसी बंद (बंद) या निजी स्थान पर किसी महिला के साथ अपराध करने का आरोप लगाया जाता है। यह अनिश्चित है क्योंकि अंतिम परिणाम इस बात पर निर्भर करता है कि भिक्षु अपराध को स्वीकार करता है या नहीं। संदेह का लाभ भिक्षु को तब तक दिया जाता है जब तक कि कोई महत्वपूर्ण सबूत न हो। इस प्रकार भिक्षु का किसी महिला के साथ अकेले रहना उचित नहीं है, खासकर बंद या निजी स्थानों पर। 1. संभोग के लिए पर्याप्त रूप से एकांत में किसी महिला के साथ बैठना और भिक्षु अपराध को स्वीकार करना 2. संभोग के लिए पर्याप्त रूप से एकांत में न होने वाली लेकिन अश्लील शब्दों को संबोधित करने के लिए पर्याप्त रूप से एकांत में किसी महिला के साथ बैठना और भिक्षु अपराध को स्वीकार करना निस्सागिया पाचितिया- निस्सागिया पाचितिया ऐसे नियम हैं जिनमें "जब्त के साथ स्वीकारोक्ति" शामिल है। वे मुख्य रूप से उन वस्तुओं को रखने से संबंधित हैं जिन्हें रखने की अनुमति नहीं है या जिन्हें अस्वीकार्य तरीकों से प्राप्त किया गया है। भिक्षु को वह वस्तु जब्त कर लेनी चाहिए और फिर दूसरे भिक्षु के सामने अपना अपराध स्वीकार करना चाहिए। भिक्षु के लिए तीस निस्सगिया पाचितिया हैं। पाचितिया-पाचितिया ऐसे नियम हैं जिनमें स्वीकारोक्ति शामिल है। 92 पाचितिया हैं; ये छोटे-मोटे उल्लंघन हैं जिनके लिए निष्कासन या कोई परिवीक्षा अवधि नहीं होती
पाटिदेसनीय-पाटिदेसनीय उल्लंघन हैं जिन्हें मौखिक रूप से स्वीकार किया जाना चाहिए।
1. किसी असंबंधित भिक्षुणी से भोजन स्वीकार करना और खाना।
2. भिक्षुणी द्वारा दानकर्ताओं को यह निर्देश दिए जाने के बाद भोजन स्वीकार करना और खाना कि किसे क्या भोजन देना है, और कोई भी भिक्षु भिक्षुणी को डांटता नहीं है।
3. ऐसे परिवार से भोजन स्वीकार करना और खाना जिसे संघ ने "प्रशिक्षण में" के रूप में नामित किया है, अर्थात, अरहंत बनने की तैयारी कर रहा है, जब तक कि भिक्षु बीमार न हो।

4. किसी खतरनाक स्थान पर रहने वाले परिवार से भोजन स्वीकार करना और खाना, जब तक कि भिक्षु बीमार न हो।

सेखियावत्ता- प्रशिक्षण के पचहत्तर सेखिया या नियम हैं,[5] जो मुख्य रूप से एक भिक्षु के आचरण के बारे में हैं। इन नियमों में सारूप (उचित व्यवहार; 26), भोजनपतिसंयुत्त (भोजन; 30), धम्मदेसनपतिसंयुत्त (धम्म की शिक्षा; 16) और पाकिनाका (विविध; 3) शामिल हैं। कई देशों में, नौसिखिए भिक्षुओं (सामनेर) के लिए दस उपदेशों के अलावा सेखियावत्ता नियमों का पालन करना भी मानक है। अधिकरण-समाथा-अधिकरण-समाथा कानूनी प्रक्रियाओं के निपटान के लिए सात नियम हैं जो केवल भिक्षुओं से संबंधित हैं। 1. जब कोई मुद्दा सुलझाया जाता है, तो फैसला संघ, पक्षों, धम्म और विनय की उपस्थिति में होना चाहिए। 2. यदि भिक्षु निर्दोष है, तो फैसला "सचेतन" होना चाहिए। 3. यदि भिक्षु पागल था या है, तो फैसला "पागलपन से पहले" होना चाहिए। 4. यदि भिक्षु ने आरोपों को सही माना है, तो फैसला "स्वीकार किए गए अनुसार कार्य करना" होना चाहिए। 5. यदि विवाद सर्वसम्मति से नहीं सुलझाया जा सकता है, तो संघ को मतदान करना चाहिए और फैसला "बहुमत के अनुसार कार्य करना" होना चाहिए। 6. यदि भिक्षु पूछताछ के बाद ही अपना अपराध स्वीकार करता है, तो फैसला "आरोपी के आगे के कदाचार के अनुसार कार्य करना" होना चाहिए। 7. यदि दोनों पक्ष इस बात पर सहमत हैं कि वे उस तरह से कार्य नहीं कर रहे हैं, जैसा भिक्षुओं को करना चाहिए, तो वे सिमा की पूरी सभा बुला सकते हैं और अपनी गलतियों को स्वीकार कर सकते हैं, और फैसला "घास से ढकने" का होना चाहिए।

Upasampadā (Pali) literally denotes "approaching or nearing the ascetic tradition." In more common parlance it specifically refers to the rite and ritual of ascetic vetting (ordination) by which a candidate, if deemed acceptable, enters the community as upasampadān (ordained) and is authorised to undertake ascetic life. According to Buddhist monastic codes (Vinaya), a person must be 20 years old in order to become a monk or nun. A person under the age of 20 years cannot undertake upasampadā (i.e., become a monk (bhikkhu) or nun (bhikkhuni)), but can become a novice (m. samanera, f. samaneri). After a year or at the age of 20, a novice will be considered for upasampadā.Traditionally, the upasampadā ritual is performed within a well-demarcated and consecrated area called sima (sima malaka) and needs to be attended by a specified number of monks: "ten or even five in a remoter area.

उपसम्पदा (पाली) का शाब्दिक अर्थ है "तपस्वी परंपरा के निकट पहुँचना या उसके करीब पहुँचना।" आम बोलचाल में यह विशेष रूप से तपस्वी जाँच (दीक्षा) के संस्कार और अनुष्ठान को संदर्भित करता है जिसके द्वारा एक उम्मीदवार, यदि स्वीकार्य माना जाता है, तो समुदाय में उपसम्पदा (दीक्षा) के रूप में प्रवेश करता है और तपस्वी जीवन अपनाने के लिए अधिकृत होता है। बौद्ध मठवासी संहिता (विनय) के अनुसार, भिक्षु या भिक्षुणी बनने के लिए व्यक्ति की आयु 20 वर्ष होनी चाहिए। 20 वर्ष से कम आयु का व्यक्ति उपसम्पदा (यानी, भिक्षु (भिक्खु) या भिक्षुणी (भिक्खुनी) नहीं बन सकता), लेकिन नौसिखिया (एम. सामनेरा, एफ. सामनेरी) बन सकता है। एक वर्ष के बाद या 20 वर्ष की आयु में, एक नौसिखिए को उपसम्पदा के लिए विचारित किया जाएगा। परंपरागत रूप से, उपसम्पदा अनुष्ठान एक अच्छी तरह से सीमांकित और पवित्र क्षेत्र में किया जाता है जिसे सिमा (सिमा मालक) कहा जाता है और इसमें निर्दिष्ट संख्या में भिक्षुओं की उपस्थिति की आवश्यकता होती है: "दस या दूरस्थ क्षेत्र में पांच।"